ALPHABET

DES

ÉCOLES

PRIMAIRES

PARIS

LE BAILLY, ÉDITEUR,
6, Rue Cardinale, 6.

ALPHABET

DES

ÉCOLES PRIMAIRES

PATRIE

(Voir page 58).

ALPHABET

DES

ÉCOLES PRIMAIRES

Tableaux gradués de tous les Types de Lettres et de Chiffres

ÉPELLATION.—ACCENTUATION.—RÉCITATION

MORALE ET CIVILITÉ

NOTIONS DES CHOSES LES PLUS USUELLES

SUIVIES DE

FABLES ET HISTORIETTES

INSTRUCTIVES ET AMUSANTES

ET

D'ÉLÉMENTS D'ARITHMÉTIQUE

NOUVELLE ÉDITION

PAR

ÉTIENNE DUCRET

PARIS

LE BAILLY, LIBRAIRE-ÉDITEUR

6, RUE CARDINALE, 6

TABLE

ALPHABETS

SYLLABAIRE

LECTURE COURANTE

FABLES ET HISTORIETTES
INSTRUCTIVES ET AMUSANTES.

CALCUL

MAJUSCULES ROMAINES

A B

C D

E F

G H

I J

K L

M N

O P

Q R

S T
U V
W X

Y Z

Æ Œ

PH GN

MINUSCULES ROMAINES

a   b   c

d   e   f

g   h   ij

k   l   m

n o p

q r s

t u v

x y z

w æ œ

ph gn

et etc.

& &[a]

MAJUSCULES

A B C D E F
G H I J K L
M N O P Q R
S T U V W X
Y Z Ç ŒÆ

MINUSCULES

a b c d e f g h i j k
l m n o p q r s t u v
w x y z æ œ ç . , ; : ? !

MAJUSCULES ITALIQUES

A B C D E

F G H I J

K L M N O

P Q R S T

U V X Y Z

—

MINUSCULES ITALIQUES

a b c d e f g

h i j k l m n

o p q r s t u

v w x y z

VOYELLES

a e i o u y

CONSONNES

b c ç d f g h j k l m n

p q r s t v w x z

MAJUSCULES ANGLAISES

$$A \quad B \quad C \quad D \quad E \quad F$$
$$G \quad H \quad I \quad J \quad K \quad L$$
$$M \quad N \quad O \quad P \quad Q$$
$$R \quad S \quad T \quad U \quad V$$
$$X \quad Y \quad Z$$

MINUSCULES ANGLAISES

$$a \quad b \quad c \quad d \quad e \quad f \quad g \quad h \quad i \quad j \quad k$$
$$l \quad m \quad n \quad o \quad p \quad q \quad r \quad s \quad t \quad u$$
$$v \quad x \quad y \quad z$$

CHIFFRES

$$1 \quad 2 \quad 3 \quad 4 \quad 5 \quad 6 \quad 7 \quad 8 \quad 9 \quad 0$$

MAJUSCULES RONDES

A B C D E F G
H I J K L M N
O P Q R S T U
V W X Y Z

MINUSCULES RONDES

a b c d e f g h i j k l m n

o p q r s t u v w x y z

CHIFFRES

1 2 3 4 5 6 7 8 9 0

MAJUSCULES GOTHIQUES

A B C D E F G H I
J K L M N O P Q
R S T U V X Y Z

MINUSCULES GOTHIQUES

a	b	c	d	e
f	g	h	i	j
k	l	m	n	o
p	q	r	s	t
u	v	x	y	z

ALPHABETS COMPARÉS

A	a	*A*	*a*	N	n	*N*	*n*		
B	b	*B*	*b*	O	o	*O*	*o*		
C	c	*C*	*c*	P	p	*P*	*p*		
D	d	*D*	*d*	Q	q	*Q*	*q*		
E	e	*E*	*e*	R	r	*R*	*r*		
F	f	*F*	*f*	S	s	*S*	*s*		
G	g	*G*	*g*	T	t	*T*	*t*		
H	h	*H*	*h*	U	u	*U*	*u*		
I	i	*I*	*i*	V	v	*V*	*v*		
J	j	*J*	*j*	W	w	*W*	*w*		
K	k	*K*	*k*	X	x	*X*	*x*		
L	l	*L*	*l*	Y	y	*Y*	*y*		
M	m	*M*	*m*	Z	z	*Z*	*z*		

ALPHABETS INTERVERTIS

D U Y P Z O

C K A F J E

V X Q R L N

M T S H I G

B Æ W Œ

—

o h n g p a

r m b e f q

s d e t u v

x y z i j k

l w œ æ

ÉPELLATION

SYLLABES OU SONS

A	E	I	O	U	Y
ab	eb	ib	ob	ub	yb
ac	ec	ic	oc	uc	yc
ad	ed	id	od	ud	yd
af	ef	if	of	uf	yf
ag	eg	ig	og	ug	yg
ah	eh	ih	oh	uh	yh
ak	ek	ik	ok	uk	yk
al	el	il	ol	ul	yl
am	em	im	om	um	ym
an	en	in	on	un	yn
ap	ep	ip	op	up	yp
ar	er	ir	or	ur	yr
as	et	iv	ox	ux	ys

Ba	Be	Bi	Bo	Bu	By
Ca	ce	ci	co	cu	cy
Da	de	di	do	du	dy
Fa	fe	fi	fo	fu	fy
Pha	phe	phi	pho	phu	phy
Ga	ge	gi	go	gu	gy
Ha	he	hi	ho	hu	hy
Ja	je	ji	jo	ju	jy
Ka	ke	ki	ko	ku	ky
La	le	li	lo	lu	ly
Ma	me	mi	mo	mu	my
Na	ne	ni	no	nu	ny
Pa	Pe	Pi	Po	Pu	Py
Qua	que	qui	quo	quu	quy
Ra	re	ri	ro	ru	ry
Sa	se	si	so	su	sy
Ta	te	ti	to	tu	ty
Va	ve	vi	vo	vu	vy
Wa	Xe	Xi	Zo	Yu	Yn

Bla	Ble	Bli	Blo	Blu	Bly
Bra	bre	bri	bro	bru	bry
cha	che	chi	cho	chu	chy
cla	cle	cli	clo	clu	cly
cra	cre	cri	cro	cru	cry
chra	chre	chri	chro	chru	chry
dra	dre	dri	dro	dru	dry
fla	fle	fli	flo	flu	fly
phla	phle	phli	phlo	phlu	phly
fra	fre	fri	fro	fru	fry
phra	phre	phri	phro	phru	phy
gla	gle	gli	glo	glu	gly
gna	gne	gni	gno	gnu	gny
gra	gre	gri	gro	gru	gry

gua	gue	gui	guo	guu	guy
kra	kri	kri	kro	kru	hry
pla	ple	pli	plo	plu	ply
pra	pre	pri	pro	pru	pry
sca	sce	sci	sco	scu	scy
scra	scre	scri	scro	scru	scry
spa	spe	spi	spo	spu	spy
spla	sple	spli	splo	splu	sply
squa	sque	squi	squo	squu	squy
sta	ste	sti	sto	stu	sty
tla	tle	tli	tlo	tlu	tly
tra	tre	tri	tro	tru	try
vra	vre	vri	vro	vru	vry
exa	exe	exi	exo	exu	exy

SIGNES DE PONCTUATION

Ponctuer, c'est mettre, entre les mots et entre les phrases, des signes qui indiquent au lecteur les repos à observer.

La virgule , légère pause.
Le point-virgule ; repos un peu plus long.
Les deux points : double pose.
Le point final . } repos complet.
Les points suspensifs ... }
Le point d'interrogation ? indique qu'on interroge.
Le point d'exclamation ! exprime l'admiration, etc.
Les guillemets « » indiquent une citation.
La parenthèse ( ) renferme des mots détachés.
Le renvoi (1) reporte au bas de la page.
Le trait d'union - lie plusieurs mots ensemble.

La phrase suivante fait connaître la valeur et l'emploi des signes de la Ponctuation.

Aujourd'hui, mes chers enfants, je suis content de vous; vous avez lu à merveille : ce n'est pas votre habitude. Pourquoi ne lisez-vous pas toujours de même ? Qu'il est doux pourtant de contenter son père ! Je... mais, non, pas de reproche, car le proverbe dit : « La raison vient avec l'âge. » Enfants, un jour (souvenez-vous de mes paroles), vous apprendrez qu'on vient à bout de tout par un persévérant labeur (1).

---

(1) Labeur veut dire travail.

ACCENTUATION

Le Point   .   i

L'Accent
- Aigu ´   é
- Grave `   à è   ù
- Flèxe ^   â ê î ô û

Le Tréma   ¨   ë ï   ü

La Cédille sous le Ç   ça ço çu
lui donne le son de S.

L'Apostrophe ' remplace la voyelle E, après les consonnes

C' D' J' L' M' N' S' T'

SONS DIVERS:

an eu in on ou un

SONS DOUBLES (Diphtongues);

ia ié io ieu oi ian ien ion
oin ui oui, etc.

ACCENTUATION

Ici,   Si,   Fi!
Été,   Dé,   Pré.
Déjà, Père, Où.
Mât, Fête, Île, Côte, Bûche.
Poëte, Haï,   Ésaü,
Çà,   Maçon, Reçu.
Fil d'or, C'est lui, J'ai l'âge,
Il m'aime, N'y va pas,
Elle s'en va, Tu t'enfuis.

SONS DIVERS :

Ban Feu, Fin, Don, Cou.

DIPHTONGUES :

Dia, Pitié, Rio, Dieu, Foi,
Bien, Lion, Foin, Lui, Louis,

SYLLABAIRE

MOTS

D'une Syllabe	De deux Syllabes
Vin	Pa-pa
Chat	Ma-man
Four	Da-da
Trop	Vo-lant
Art	Rai-son
Marc	Jar-din
Champ	Se-rin
Vent	Voi-sin
Vert	Poi-re
Mort	Bo-bo.
Pré	Bon-net.
Cri	Bé-guin.

MOTS DE TROIS SYLLABES.

É-toi-le.
Li-ber-té.
O-rai-son.
Fa-mil-le.
His-toi-re.
Li-ma-çon.
Scor-pi-on.
Cou-tu-me.

MOTS DE QUATRE SYLLABES.

É-tu-di-er.
Lai-ti-è-re.
Ki-ri-el-le.
Ju-di-ci-eux.
O-ri-gi-nal.
Ré-pu-bli-que.
La-pi-dai-re.
Im-pos-tu-rè.

POLYSYLLABES.

MOTS DE PLUSIEURS SYLLABES

In-fi-dé-li-té.
Ins-ti-tu-ti-on.
Ré-so-lu-ti-on.
O-ri-gi-na-li-té.
Pro-di-ga-li-té.
Ir-ri-ta-bi-li-té.
In-dis-so-lu-ble.
In-dé-ter-mi-né.
Ex-cla-ma-ti-on.
A-rith-mé-ti-que.
Sou-ve-rai-ne-té.
In-ter-ro-ga-ti-on.
Per-fec-ti-bi-li-té.
In-su-bor-don-né.
Na-tu-rel-le-ment.
In-dis-tinc-te-ment.
Cha-ri-ta-ble-ment.
Clan-des-ti-ne-ment.
Ad-mi-ra-ble-ment.
Ma-li-ci-eu-se-ment.
In-con-si-dé-ré-ment.
In-com-men-su-ra-ble.
An-ti-cons-ti-tu-ti-on-nel-le-ment.

LECTURE COURANTE

PHRASES

Je ché-ris ma-man.

J'ai-me bien pa-pa.

Grand-pè-re me don-ne-ra des i-ma-ges.

Mon frè-re est à la pro-me-na-de.

Ma sœur é-tu-die sa le-çon.

Si je suis bien sa-ge, je se-rai ré-com-pen-sé.

Ma-man est con-ten-te de moi, elle me con-dui-ra chez ma tan-te.

Un en-fant qui est hon-nê-te et qui a bon cœur est ché-ri de tous ceux qui le con-nais-sent.

Un en-fant bou-deur est ha-ï de tout le mon-de.

Un en-fant ba-bil-lard et rap-por-teur est tou-jours re-bu-té par tous ses ca-ma-ra-des.

On ai-me les en-fants do-ci-les; on leur donne des bon-bons.

Ne dé-ro-bez rien.

Ne je-tez pas du pain à ter-re ; si vous en a-vez trop : il y a des gens qui n'en ont pas as-sez.

Ne vous met-tez pas en co-lè-re.

L'en-fant doux se fait ai-mer.

On ché-rit l'en-fant com-plai-sant.

Ne mé-pri-sez per-son-ne.

L'en-fant le plus ins-truit n'est pas ce-lui qui par-le le plus.

Con-tem-plez le ciel bril-lant d'é-toi-les, la ter-re cou-ver-te de fleurs, de fruits et d'a-ni-maux ; c'est Dieu qui a fait tout ce-la ; lui seul est tout-puis-sant : pour vi-vre heu-reux, il faut que cha-cun fas-se son de-voir.

Le de-voir d'un en-fant est d'o-bé-ir à ses pa-rents, de cher-cher ce qui peut leur plaire.

La lune nous éclaire la nuit ; elle est bien moins grande que la terre, tandis que le soleil est infiniment plus gros.

La terre tourne autour du soleil ; la lune tourne autour de la terre.

————

Il y a quatre Éléments sur notre globe : l'Air, la Terre, l'Eau et le Feu. Sans la terre l'homme ne pourrait manger ; sans l'air il ne pourrait respirer ; sans feu il mourrait de froid.

Sur la terre il croît toute
sortes d'arbres : les uns, comm
le chêne, l'orme, le peuplier, l
sapin, l'érable, etc., ne porten
pas de fruits; ils servent à fair
des planches, des meubles, à
bâtir des maisons; les moin
gros sont coupés en bûche
pour le chauffage.

Les principaux arbres frui-
tiers sont : le poirier, le pom-
mier, le pêcher, l'abricotier,
la vigne, le cerisier, le gro-
seillier, etc.

C'est dans la mer, dans les rivières et dans les étangs que l'on pêche les poissons qui servent à la nourriture de l'homme. On les prend avec des filets ou des hameçons.

L'homme se nourrit aussi de la chair de plusieurs animaux, tels que : le bœuf, le veau, le mouton, le porc, etc.

Parmi les oiseaux qui servent à la nourriture de l'homme, sont les oies, les poules, les canards, etc.

C'est le feu qui échauffe la terre, qui anime et vivifie toute la nature. Le feu nous éclaire dans les ténèbres.

Les principales plantes potagères sont : la carotte, le navet, le chou, le panais, les raves, le potiron, la laitue, le persil, la ciboule, le cerfeuil, les salsifis, le céleri, le poireau, les épinards, l'oseille, etc.

Les principales plantes médicinales sont : la bourrache, le chiendent, la guimauve, la coriandre, la fumeterre, etc.

Les fleurs sont la parure de la terre et l'ornement de nos demeures, qu'elles parfument de leurs odeurs agréables.

Le lion est le roi des animaux.

La baleine est le plus gros des poissons de la mer.

L'aigle est le roi des oiseaux.

La rose est la reine des fleurs.

L'or est le premier et le plus rare des métaux.

L'homme a cinq sens pour apercevoir ou sentir ce qui l'environne :

Il voit avec les yeux.

Il entend par les oreilles.

Il goûte avec la langue.

Il flaire ou respire les odeurs avec le nez.

Il touche avec tout le corps, et principalement avec les mains.

CRIS DES ANIMAUX

Le chien aboie,
Le chat miaule,
L'âne brait,
Le cochon grogne,
Le cheval hennit,
Le bœuf beugle,
Le loup hurle,
L'agneau bêle,
Le taureau mugit,
Le lion rugit,
L'ours gronde,
Le renard glapit,
Le corbeau coasse,
La grenouille croasse.

Le serpent siffle,
Le perroquet parle,
Le moineau pépie,
La tourterelle gémit,
Le pigeon roucoule,
Le coq chante,
La poule glousse,
La pie babille,
Le rossignol chante ou ramage.
L'insecte bourdonne.

L'homme parle.

L'homme marche. — Les quadrupèdes marchent, sautent, bondissent ou grimpent. — L'oiseau vole. — Le poisson nage. — Le serpent rampe. — L'huître reste attachée à son rocher.

DIVISION DU TEMPS

Vingt-quatre heures font un Jour.
Il y a trente jours dans un Mois.
Quelques mois ont trente et un jours.
Douze mois font une Année.
Cinq années font un *Lustre*.
Cent ans font un *Siècle*.

On divise le mois en quatre Semaines; chaque semaine est composée de sept jours que l'on nomme :
Dimanche, Lundi, Mardi, Mercredi, Jeudi, Vendredi et Samedi.
Les douze mois de l'année sont :
Janvier, Février, Mars, Avril, Mai, Juin, Juillet, Août, Septembre, Octobre, Novembre, Décémbre.
Il y a quatre saisons dans l'année :
Le Printemps, l'Été, l'Automne et l'Hiver.

L'heure se divise en soixante Minutes.
Une demi-heure fait trente minutes.
Quinze minutes font un quart d'heure.
Une minute se subdivise en soixante Secondes.

CIVILITÉ

ET

SAVOIR-VIVRE

A la manière dont se présente une personne, à la démarche, au maintien, on reconnaît si elle a été bien élevée.

—

Il ne faut pas se

remuer, gesticuler, se courber, pencher la tête avec indolence, ni affecter de la tenir haute.

—

C'est une impolitesse que de choisir la plus belle chaise ou un fauteuil, d'occuper près du feu trop de place.

—

Étant assis, ne pas

trop écarter ou serrer les genoux, croiser les jambes, ni s'accouder sur sa chaise, se balancer, se renverser.

Ne vous levez pas sans nécessité quand les autres personnes sont assises; ne restez pas assis si elles se lèvent; mais, si vous devez vous déplacer, il faut le faire sans bruit.

—

S'accouder en écoutant, c'est indiquer le peu de plaisir que l'on a dans la compagnie où l'on se trouve.

—

Il est impoli de montrer du doigt la personne de qui l'on parle.

3.

Évitez la mobilité, la fixité dans le regard.

—

N'ayez pas sans cesse les yeux baissés: toute affectation n'est jamais de la vraie modestie.

De la Tête.

Maintenez la tête droite, ne la tournez pas avec étourderie; n'y portez la main que dans un cas urgent, surtout étant à table.

Froncer les sourcils est considéré comme un signe de colère, et c'est contraire à la bienveillance que l'on se doit mutuellement.

—

Mettre les doigts dans les narines est un acte de malpropreté qui peut causer des maladies.

—

On doit avoir son mouchoir dans sa poche, — ne s'en servir qu'à propos; — éviter trop de bruit en se mouchant. — Il faut, en éternuant, se tourner pour ne pas incommoder les personnes présentes.

—

Si, en société, vous avez à curer vos dents, retirez-vous à l'écart pour ce soin.

—

Il faut, en mangeant, ne pas trop remplir la bouche : cette habitude nuit à la santé, car elle empêche de broyer les aliments.

De la Politesse.

RIRE avec éclat, c'est grossièreté; — rire de tout indifféremment, c'est légèreté ou bêtise; — rire avec exagération en racontant une histoire que l'on croit plaisante, c'est vouloir à l'avance une approbation que peut-être on ne saurait obtenir.

C'est manquer de *charité* que de rire des défauts d'autrui : c'est prouver *que l'on voit dans son prochain ce qu'on ne voit pas dans soi-même.*

De la manière de parler.

Ne dites que ce qu'il faut dire, — et dites-le comme il faut.

Que le ton soit convenable, eu égard au lieu où vous êtes et aux personnes à qui vous vous adressez :

Il faut toujours placer les mots *Monsieur, Madame, Mademoiselle*, après les mots OUI et NON : « *Oui, monsieur ; — oui, madame.* »

Ne dites pas : « Comment se porte votre mère, *ou* votre demoiselle, *ou* votre dame » ; *mais dites* : — « Madame votre mère, — mademoiselle votre fille, — madame.... », *en ajoutant le nom (ou le titre, si la personne en a un).*

Il est des expressions qui seraient d'une vulgarité ridicule dans la bonne compagnie, telles que : bah ! hein ? pas possible ! tiens !

N'essayez pas d'entendre les conversations où vous n'êtes pas admis : la curiosité est un bien vilain *défaut*.

Écoutez beaucoup, — parlez peu, et toujours à propos. — Ne parlez jamais avantageusement de vous-même, mais faites l'éloge du mérite des autres.

Évitez de louer les choses d'un ton de surprise et avec exclamation comme si vous n'aviez jamais rien vu.

Un ton élevé et bref n'est point poli ; — s'il est trop bas, il fatigue ceux à qui l'on parle.

La prononciation doit être ferme, mais douce, agréable.

Se presser de façon à bredouiller, ou traîner sur chaque syllabe, est insupportable pour l'auditeur.

LES BONS EXEMPLES

LE BIEN POUR LE MAL

Deux écoliers s'étaient pris de querelle pour un sujet des plus futiles. Le plus grand, abusant de sa force, avait fort maltraité son camarade, qui n'avait opposé qu'une faible résistance. — A quelque temps de là, le vainqueur, qui était monté sur le haut d'un arbre, tomba et resta suspendu par les pieds, ses vêtements s'étant accrochés à une branche.

Dans cette triste situation, il était perdu, si personne ne fût venu à son secours. C'est ce que fit celui qu'il avait battu avec tant d'acharnement, et qui fut assez heureux pour le garantir d'une chute dangereuse. Les autres écoliers étant accourus, il s'en trouva un qui blâma la belle action de son condisciple : « Ce n'est point moi qui serais venu à son secours ; à ta place, je l'aurais laissé là pour me venger du mal qu'il m'avait fait.

« —Ce n'est pas du méchant que j'ai eu compassion, répondit celui-ci, c'est de mon semblable ! »

SINCÉRITÉ

Le père du célèbre Washington attachait à la véracité de son fils une importance extrême. Un jour, le jeune Washington, qui n'avait que six ans, enleva, à l'aide d'une petite hache, l'écorce d'un cerisier d'une espèce très rare, auquel son père attachait un grand prix.

Le lendemain, celui-ci, à la vue d'un pareil dégât, manifesta beaucoup de chagrin : — « Je donnerais cinq guinées, ajouta-t-il, pour connaître le coupable. — « C'est moi, papa! dit son fils, après quelque hésitation ; c'est moi qui ai coupé l'écorce avec ma hache. — Embrassez-moi, mon enfant ! s'écria aussitôt le père ; votre franchise a plus de valeur à mes yeux que n'en pourraient avoir mille cerisiers. »

DÉVOUEMENT CIVIQUE

Un soir, en revenant chez lui, un brave tisserand fit la rencontre d'un chien enragé qui avait déjà blessé grièvement plusieurs personnes.

Après s'être adossé contre un mur, il attend sans broncher l'animal furieux, qui se jette sur lui et le mord cruellement ; il parvient enfin à s'en rendre maître, le saisit à la gorge et appelle au secours : « Je ne le lâcherai pas, dit-il ; je veux éviter qu'il fasse d'autres malheurs... Apportez une hache et brisez-lui les reins. Je réponds de le tenir et je sacrifie ma vie pour mes concitoyens. »

Heureusement, on n'eut pas à regretter la perte de cet homme courageux, qui, mordu en plusieurs endroits, fit preuve, pendant la cautérisation au fer rouge, d'autant de résolution que pendant sa lutte contre le chien enragé.

MORALITÉS POÉTIQUES

Grandeur de Dieu.

Tout annonce d'un Dieu l'éternelle existence ;
On ne peut le comprendre, on ne peut l'ignorer !
La voix de l'Univers annonce sa puissance,
Et la voix de nos cœurs dit qu'il faut l'adorer.

Le Menteur.

Évitez le mensonge avec un soin extrême :
Si l'on remarque en vous peu de sincérité,
On ne vous croira pas, lors même
Que vous direz la vérité.

Il ne faut, mes enfants, ni tromper ni mentir :
L'honnête homme toujours dit la vérité pure.
Soit pour vous excuser, soit pour vous divertir,
Ne vous permettez pas la plus faible imposture.

La Pitié.

Cet insecte qui court, vole sur la charmille,
A comme vous son but, son devoir, ses besoins.
Vous l'écrasez ! Peut-être il cherchait sa famille :
Parce qu'il est petit en souffre-t-il donc moins !

La Politesse.

La politesse est à l'esprit
Ce que la grâce est au visage :
De la bonté du cœur elle est la douce image,
Et c'est la bonté qu'on chérit.

Les Nids d'oiseaux.

Oh! ne déniche point les oiseaux dans tes jeux !
Les oiseaux ont de Dieu reçu leur existence ;
C'est Dieu qui leur apprend, dans sa toute-puissance,
A tresser sans effort leur nid si gracieux.
Les oiseaux comme nous ressentent la souffrance.
Cher enfant, que dirait ta pauvre mère un jour,
Si de ce petit lit où fleurit ton enfance
Quelque méchant t'allait ravir à son amour ?
Ta mère pleurerait, et, pleine de tristesse,
Elle t'appellerait, hélas ! peut-être en vain ;
Et toi de qui la joie est toute en sa tendresse,
Et toi, que dirais-tu, mon fils, le lendemain ?
Prends donc aussi pitié de la frêle famille
Qui dort sur les rameaux ou dans le vert gazon,
De ce jeune oisillon qui gazouille et sautille,
Et n'a point peur de toi parce qu'il te croit bon.
Enfant, si dans ton cœur la charité demeure,
Le Ciel te laissera ta mère à caresser,
Et ton Ange viendra de sa sainte demeure
Auprès de ton chevet chaque nuit se poser.

Les Fleurs.

Fleurs charmantes! par vous la nature est plus belle ;
Dans ses brillants tableaux l'Art vous prend pour modèle.
Simples tributs du cœur, vos dons sont chaque jour
Offerts par l'amitié, hasardés par l'amour.
D'embellir la beauté vous obtenez la gloire ;
Le laurier vous permet de parer la victoire ;
Plus d'un hameau vous donne en prix à la pudeur !
L'autel même où de Dieu repose la grandeur,
Se parfume au printemps de vos douces offrandes,
Et la religion sourit à vos guirlandes.

Mais c'est dans nos jardins qu'est votre heureux séjour,
Filles de la rosée et de l'astre du jour ;
De vos riches couleurs venez peindre la terre.
Venez : mais n'allez pas dans les buis d'un parterre
Renfermer vos appas tristement relégués.
Que vos heureux trésors soient partout prodigués.
Tantôt de ces tapis émaillez la verdure ;
Tantôt de ces sentiers égayez la bordure ;
Formez-vous en bouquets ; entourez ces berceaux ;
En méandres brillants courez au bord des eaux,
Ou tapissez ces murs, ou dans cette corbeille
Du choix de vos parfums embarrassez l'abeille.

L'Enfant et le Miroir.

Un enfant élevé dans un pauvre village,
Revint chez ses parents et fut surpris d'y voir
        Un Miroir.
    D'abord il aima son image,
Et puis, par un travers bien digne d'un enfant,
    Et même d'un être plus grand,
    Il veut outrager ce qu'il aime,
Lui fait une grimace, et le Miroir la rend.
    Alors son dépit est extrême;
    Il lui montre un poing menaçant :
    Il se voit menacé de même !
Notre marmot fâché s'en vient, en frémissant,
    Battre cette image insolente :
Il se fait mal aux mains. Sa colère en augmente,
    Et furieux, au désespoir,
    Le voilà, devant ce Miroir,
    Criant, pleurant, frappant la glace.
Sa mère, qui survient, le console, l'embrasse,
Tarit ses pleurs, et doucement lui dit :
— N'as-tu pas commencé à faire la grimace
A ce méchant enfant qui cause ton dépit ?
— Oui ! — Regarde à présent : tu souris, il sourit ;
Tu tends vers lui les bras, il te les tend de même,
Tu n'es plus en colère, il ne se fâche plus ;
    De la société, tu vois ici l'emblème :
    Le bien, le mal, nous sont rendus.

PATRIE

Aimez, mes chers enfants, le sol de notre France
Ce sol qui vous vit naître et qui vous voit grandir,
La France! oh! ce doux nom de gloire et d'espérance,
Quand vous le prononcez il faut vous découvrir.

La France ! tout pays l'admire et la révère,
Son étendard vainqueur en tous lieux a flotté
Des peuples opprimés c'est l'ange tutélaire,
La voix qui va criant : Justice et Liberté !

De savants, de héros, mère toujours féconde,
Des combats et des arts elle unit les lauriers.
Elle a dans ses bazars les richesses du Monde :
Force, progrès et foi reposent à ses pieds.

Aimez donc, chers enfants, ce beau pays de France,
Ce sol qui vous vit naître et qui vous voit grandir,
La France! oh! ce doux nom de gloire et d'espérance,
Quand vous le prononcez il faut vous découvrir.

MASSÉ.

LE FABLIER DES ENFANTS

Le Lézard et la Tortue.

« Pauvre Tortue, hélas! » s'écriait le Lézard.
   — « Pourquoi pauvre? » — « Quelle misère!
« Sans porter ta maison tu ne vas nulle part! »
   — « Charge utile devient légère. »

La Renoncule et l'Œillet.

La Renoncule, un jour, dans un bouquet
   Avec l'Œillet se trouva réunie.
Elle eut le lendemain le parfum de l'Œillet ·
On ne peut que gagner en bonne compagnie.

La Poussière et le Soleil.

« Soleil, je t'obscurcis, » disait, en s'élevant,
Un amas de Poussière agité par le vent.
   — « Oui, dit le Soleil, je l'avoue;
« Mais, le calme venu, tu rentres dans la boue. »

Le Papillon et le Lis.

   « Admirez l'azur de mes ailes, »
    Disait au Lis majestueux
    Un Papillon présomptueux;
« Vit-on jamais couleurs plus vives et plus belles? »
Le Lis lui répondit : « Insecte vil et fier,
    « D'où te vient cet orgueil étrange?
    « As-tu donc oublié qu'hier,
   « Obscur, tu rampais dans la fange? »

Le Lierre et le Rosier.

Un Lierre, en serpentant au haut d'une muraille,
Voit un petit Rosier, et se rit de sa taille.
L'arbuste lui répond : « Apprends que, sans appui,
    « J'ai su m'élever par moi-même;
    « Mais, toi, dont l'orgueil est extrème,
« Tu ramperais encor sans le secours d'autrui. »

Le Pinson et la Pie.

    « Apprends-moi donc une chanson! »
    Demandait la bavarde Pie
    A l'agréable et gai Pinson
Qui chantait, au printemps, sur l'épine fleurie.
    — « Allez! vous vous moquez, ma mie!
« A gens de votre espèce, ah! je gagerais bien
    « Que jamais on n'apprendra rien. »
    — « Eh quoi! la raison, je te prie? » —
« Mais c'est que, pour s'instruire et savoir bien chanter,
    « Il faudrait pouvoir écouter,
    « Et babillard n'écouta de sa vie. »

La Diligence.

    « Clic! clac! clic! holà! gare! gare! »
    La foule se rangeait,
    Et chacun s'écriait :
    « Peste! quel tintamarre!
« Quelle poussière! ah! c'est sans doute un grand seigneur!
« C'est un prince du sang, c'est un ambassadeur! »
La voiture s'arrête; on accourt, on s'avance :
    C'était..... la Diligence,
    Et..... personne dedans.

Du bruit, du vide, amis, voilà je pense,
Ce qu'on trouve chez bien des gens.

PETITS POÈMES

A RÉCITER

LES DEUX ORPHELINS

L'hiver glace les champs, les beaux jours sont passés ;
Malheur au pauvre sans demeure !
Loin des secours il faut qu'il meure :
Comme les champs, alors, tous les cœurs sont glacés.

De l'an renouvelé c'était la nuit première,
Les mortels, revenant de la fête du jour,
Hâtaient leur joie et leur retour ;
Même un peu de bonheur visitait la chaumière.
Au seuil d'une chapelle assis,
Deux enfants presque nus, et pâles de souffrance,
Appelaient des passants la sourde indifférence,
Soupirant de tristes récits.
Une lampe à leurs pieds éclairait leurs alarmes
Et semblait supplier pour eux.

Le plus jeune, tremblant, chantait, baigné de larmes,
L'autre tendait sa main au refus des heureux :
« Nous voici deux enfants, nous n'avons plus de mère ;
« Elle mourut hier en nous donnant son pain.
« Elle dort où dort notre père.
« Venez ! nous avons froid et nous mourons de faim ! »

Et sa voix touchante et plaintive
Frappait les airs de cris perdus ;
La foule, sans les voir, s'échappait fugitive,

4

Et bientôt on ne passa plus . . . .
Ils frappaient à la porte sainte,
Car leur mère avait dit que Dieu n'oubliait pas ;
Rien ne leur répondait que l'écho de l'enceinte ;
Rien ne venait . . . que le trépas !
La lampe n'était pas éteinte ;
L'heure, d'un triste accent, vint soupirer minuit ;
Au loin d'un char de fête on entendit le bruit,
Mais on n'entendit plus de plainte.

Vers l'église portant ses pas,
Un prêtre, au jour naissant, allant à la prière,
Les voit blanchis de neige et couchés sur la pierre,
Les appelle en pleurant : ils ne se lèvent pas :
Leur pauvre enfance, hélas ! se tenait embrassée,
Pour conserver sans doute un reste de chaleur,
Et le couple immobile, effrayant de pâleur,
Tendait encor sa main glacée.

Le plus grand, de son corps couvrant l'autre à moitié,
Avait porté la main aux lèvres de son frère,
Comme pour arrêter l'inutile prière ;
Comme pour l'avertir qu'il n'est plus de pitié.

Ils dorment pour toujours, et la lampe encor veille !
On les plaint : on sait mieux plaindre que secourir.
Vers eux de toutes parts les pleurs viennent s'offrir,
Mais on ne venait pas la veille.. . .

A. GUIRAUD.

Les Religieux du Mont Saint-Bernard

La neige, au loin accumulée,
En torrents épaissis tombe du haut des airs,
Et, sans relâche amoncelée,
Couvre du Saint-Bernard les vieux sommets déserts.

Plus de route : tout est barrière!
L'ombre accourt, et déjà, pour la dernière fois,
Sur la cime inhospitalière,
Dans les vents de la nuit l'aigle a jeté sa voix.

A ce cri d'effroyable augure,
Le voyageur transi n'ose plus faire un pas;
Mourant et vaincu de froidure,
Au bord d'un précipice il attend le trépas.

Là, dans sa dernière pensée,
Il songe à son épouse, il songe à ses enfants:
Sur sa couche affreuse et glacée
Cette image a doublé l'horreur de ses tourments.

C'en est fait : son heure dernière
Se mesure pour lui dans ces terribles lieux;
Et, couvrant sa froide paupière,
Un funeste sommeil déjà ferme ses yeux.

Soudain, ô surprise! ô merveille!
D'une cloche il a cru reconnaître le bruit;
Ce bruit augmente à son oreille :
Une clarté subite a brillé dans la nuit.

Tandis qu'avec peine il écoute,
A travers la tempête un autre bruit s'entend :
Un chien jappe, et, s'ouvrant la route,
Suivi d'un solitaire, approche au même instant.

Le chien, en aboyant de joie,
Frappe du voyageur les regards éperdus :
La Mort laisse échapper sa proie,
Et la Charité compte un miracle de plus!

CHÊNEDOLLÉ.

Le Lion de Florence.

Près des murs de Florence, une coutume antique
Consacrait tous les ans une fête rustique.
Le peuple des hameaux, dans les champs d'alentour,
En chœur vient du printemps saluer le retour :
Mille groupes joyeux précipitent leur danse,
Fidèles au plaisir plutôt qu'à la cadence.
Tout à coup, ô terreur ! un formidable accent
Perce la profondeur du bois retentissant.
Un lion, l'œil en feu, se présente à la vue :
Tout fuit ! dans ce désordre, une mère éperdue
Emporte son enfant. . . . Dieu ! ce fardeau chéri,
De ses bras échappé, tombe : elle jette un cri,
S'arrête . . . Il est déjà sous la dent dévorante !
Elle le voit, frémit, reste pâle, mourante ;
Immobile, l'œil fixe et les bras étendus,
Elle reprend ses sens un moment suspendus ;
La frayeur l'accablait, la frayeur la ranime.
O prestige d'amour ! ô délire sublime !
Elle tombe à genoux : « Rends-moi, rends-moi mon fils ! »

Ce lion si farouche est ému par ses cris,
La regarde, s'arrête, et la regarde encore :
Il semble deviner qu'une mère l'implore,
Il attache sur elle un œil tranquille et doux,
Lui rend ce bien si cher, le pose à ses genoux,
Contemple de l'enfant le paisible sourire,
Et dans le fond des bois lentement se retire.

DELILLE.

Le Petit Chaperon Rouge. (CONTE.)

Un pot de beurre sur sa tête
Et sous son bras une galette,
L'Enfant au *rouge chaperon*
Gaîment regagnait la maison
De *Mère-Grand*. Dans la clairière,
Le *Loup* l'accoste. — « Tiens, ma chère
Prends ce sentier, moi celui-là ;
Voyons qui des deux y sera
Le premier ! » — « Soit ! » Le Matamore
Court chez la vieille, la dévore ;
Puis, sans façon, se met au lit,
Coiffé du bonnet de la morte !...
C'était un loup fort impoli.
— « Toc, toc, toc ! » — « Qui frappe à la porte ? »
Dit le fourbe en contrefaisant
Sa voix. — « C'est moi ! » répond l'enfant,
Qui du piège point ne se doute,
Et s'était amusée en route
A pourchasser des papillons.
  — « C'est toi, Fillette ?
     Allons,
  Tire la bobinette
  Et la chevillette ·
    Cherra ! »
  La bobinette elle tira ;
Mais, à peine entrée, holà ! là !
Sans pitié le loup dévora
Le pot de beurre, la pauvrette,
    Et la...
    Galette

ÉTIENNE DUCRET.

4.

ÉLÉMENTS DE CALCUL

NUMÉRATION

TABLE POUR APPRENDRE A CONNAITRE LES CHIFFRES

Noms des nombres.	Chiffres arabes.	Chiffres romains.
un	1	I
deux	2	II
trois	3	III
quatre	4	IV
cinq	5	V
six	6	VI
sept	7	VII
huit	8	VIII
neuf	9	IX
dix	10	X
onze	11	XI
douze	12	XII
treize	13	XIII
quatorze	14	XIV
quinze	15	XV
seize	16	XVI
dix-sept	17	XVII
dix-huit	18	XVIII
dix-neuf	19	XIX
vingt	20	XX
vingt et un	21	XXI
trente	30	XXX
trente et un	31	XXXI
quarante	40	XL ou XXXX
quarante et un	41	XLI
cinquante	50	L
cinquante et un	51	LI

soixante	60	LX
soixante et un	61	LXI
soixante-dix	70	LXX
soixante et onze	71	LXXI
quatre-vingts	80	LXXX
quatre-vingt-un	81	LXXXI
quatre-vingt-dix	90	XC
quatre-vingt-onze	91	XCI
cent	100	C
deux cents	200	CC
quatre cents	400	CCCC ou CD
cinq cents	500	D
six cents	600	DC
mille	1,000	M
mille cent, ou onze cents	1,100	MC
mille quatre cents	1,400	MCCCC (MCD)
mille cinq cents	1,500	MD
l'an mil huit cent quatre-vingt	1880	MDCCCLXXX

Un zéro (0), placé après un chiffre, augmente sa valeur de DIX : 10, 20, 30, 40, 50, 60, 70, 80, 90; — deux zéros l'augmentent de CENT : 100, 200, 300, 400, etc.; — trois zéros l'augmentent de MILLE : 1,000, 2,000, 3,000; et ainsi de suite.

Quand plusieurs chiffres sont alignés à la suite les uns des autres, le premier, à *droite*, représente les UNITÉS; le deuxième, les DIZAINES; le troisième, les CENTAINES; le quatrième, les MILLE; le cinquième, les DIZAINES DE MILLE, etc.

Un MILLION (1,000,000) vaut 10 fois 100 mille.

Le nombre 345,678,907,654,326, s'exprime en disant: Trois cent quarante-cinq *trillions*, six cent soixante-dix-huit *billions*, neuf cent sept *millions*, six cent cinquante-quatre *mille*, trois cent vingt-six *unités*.

Mille MILLIONS font un MILLIARD.

ADDITION					SOUSTRACTION			
1	et	2	font	3	2	ôté de 3	reste	1
2		3		5	3	5		2
3		4		7	4	7		3
4		5		9	5	9		4
5		6		11	6	11		5
6		7		13	7	13		6
7		8		15	8	15		7
8		9		17	9	17		8
9		10		19	10	19		9
10		11		21	11	21		10
11	et	12	font	23	12	ôté de 23	reste	11
12		13		25	13	25		12
13		14		27	14	27		13
14		15		29	15	29		14
15		16		31	16	31		15
16		17		33	17	33		16
17		18		35	18	35		17
18		19		37	19	37		18
19		20		39	20	39		19
20		21		41	21	41		20
21	et	22	font	43	22	ôté de 43	reste	21
22		23		45	23	45		22
23		24		47	24	47		23
24		25		49	25	49		24
25		26		51	26	51		25
26		27		53	27	53		26
27		28		55	28	55		27
28		29		57	29	57		28
29		30		59	30	59		29
30		31		61	31	61		30

TABLE DE MULTIPLICATION

2	fois	2	font	4	5	fois	7	font	35
2		3		6	5		8		40
2		4		8	5		9		45
2		5		10	5		10		50
2		6		12	5		11		55
2		7		14	5		12		60
2		8		16	6	fois	6	font	36
2		9		18	6		7		42
2		10		20	6		8		48
2		12		24	6		9		54
3	fois	3	font	9	6		10		60
3		4		12	6		11		66
3		5		15	6		12		72
3		6		18	7	fois	7	font	49
3		7		21	7		8		56
3		8		24	7		9		63
3		9		27	7		10		70
3		10		30	7		11		77
3		11		33	7		12		84
3		12		36	8	fois	8	font	64
4	fois	4	font	16	8		9		72
4		5		20	8		10		80
4		6		24	8		11		88
4		7		28	8		12		96
4		8		32	9	fois	9	font	81
4		9		36	9		10		90
4		10		40	9		11		99
4		11		44	9		12		108
4		12		48	10	fois	10	font	100
5	fois	5	font	25	10		11		110
5		6		30	10		12		120

L'Addition

donne le Total de plusieurs *nombres réunis :*

et $\dfrac{1}{1}$	et $\dfrac{2}{3}$	et $\dfrac{3}{4}$	et $\dfrac{4}{5}$
font 2	font 5	font 7	font 9

Si les *nombres* ont *plusieurs* chiffres, additionner en commençant par la colonne de *droite :*

23) 3 et 5 font 8 ; — on pose 8 sous la barre.
et 35) 2 et 3 font 5 ; — on pose 5 sous la barre.
Total 58

Si les nombres *réunis* passent *dix*, poser l'*unité* et reporter la *dizaine* à l'autre colonne :

47) 7 et 5 font 12 ; on pose 2 et reporte 1 à l'autre colonne.
et 25) 1 et 4 font 5 et 2 font 7 ; — on pose 7 sous la barre.
Total 72

La Soustraction

fait connaître la *Différence* qui *reste* à un nombre dont une partie a été retranchée :

De 2 ôter $\dfrac{}{1}$	De 5 ôter $\dfrac{}{2}$	De 7 ôter $\dfrac{}{3}$	De 9 ôter $\dfrac{}{4}$
reste 1	reste 3	reste 4	reste 5

Si les nombres ont plusieurs chiffres, commencez par la colonne de *droite :*

De 45 ôter 22) 2 ôté de 5 reste 3 ; — on pose 3 sous la barre.
Reste 23) 2 ôté de 4 reste 2 ; — on pose 2 sous la barre.

Si, dans une colonne, le chiffre à retrancher est plus élevé, prendre une *dizaine* et l'ajouter au chiffre à retirer de l'autre colonne :

De **65**
ôter **37**   ⎰ 7 ôté de 15 reste 8 ; — on pose 8 et retient **1**
Reste **28** ⎱ 1 et 3 font 4, ôté de 6, reste 2 ; — on pose **2**

La Multiplication

donne le *Total* d'un nombre *répété par un autre :*

2 fois **2** font **4** | **3** fois **4** font **12** | **4** fois **6** font **24**

S'il y a plusieurs chiffres, commencer par la *droite*, en plaçant *au-dessus* le nombre *à multiplier*, et *au-dessous* celui qui *multiplie :*

A multiplier **23**
     par **3**   ⎰ 3 fois 3 font 9 ; — on pose 9
Produit : **69** ⎱ 3 fois 2 font 6 ; — on pose 6

Si le chiffre *multiplié* passe la *dizaine*, poser **l'unité**, et ajouter la *dizaine* au chiffre *à gauche :*

43
6   ⎰ 6 fois 3 font 18 ; — on pose 8 et retient 1
258 ⎱ 6 fois 4 font 24, et 1 de retenue font 25 ; — on pose **25**

Le premier nombre s'appelle *Multiplicande*.
Le deuxième nombre s'appelle *Multiplicateur*.
Le résultat s'appelle *Produit*.

La Division

sert à trouver combien de fois une somme (*le Diviseur*) est contenue dans une autre plus forte (*le Dividende*). Le nombre trouvé se nomme *Quotient*.

EXEMPLE :

On veut savoir combien de fois il y a 12 dans 1728, l'on procède ainsi :

Dividende	17,28		12	diviseur.
	52		144	quotient.
	048			
	00			

Comme il y a plusieurs chiffres au diviseur, on prend pour premier membre de division les deux premiers du dividende : en 17 combien de fois 12 ? on écrit 1 au quotient et l'on dit : 1 fois 12 ôté de 17, reste 5, que l'on pose sous le 7 ; l'on abaisse le 3ᵉ chiffre du dividende : en 52 combien de fois 12 ? je pose 4 au quotient : 4 fois 12, 48, ôté de 52 reste 4 ; j'abaisse le 8 : en 48 combien de fois 12 ? je pose 4 au quotient, ce qui donne 144 fois 12.

La preuve se fait en multipliant le quotient avec le diviseur ; et en ajoutant le reste, s'il y en a un, on doit retrouver la somme du dividende. — En effet, 144 multiplié par 12, donne 1728.

FIN

PARIS. — IMPRIMERIE ARNOUS DE RIVIÈRE, RUE RACINE, 26.

www.ingramcontent.com/pod-product-compliance
Lightning Source LLC
LaVergne TN
LVHW022310170726
843503LV00006B/2427